3

Schon an ihrer Rinde kann
man manche Bäume gut
erkennen.
Hier die sehr schuppige
Rinde der Rosskastanie.

3. Auflage 2019
© 2012 Verlag Heiderose Fischer-Nagel,
Brunnenstraße 7, D-34286 Spangenberg
Tel.: 05663-280, Fax: 05663-6562
E-Mail: fischer-nagel@t-online.de, URL: www.fischer-nagel.de
Alle Rechte, auch die der Bearbeitung oder auszugsweisen Vervielfältigung
gleich durch welche Medien, vorbehalten.
Fotos und Layout: Andreas Fischer-Nagel
Außer: Über shutterstock : U1 Olena Raks; S. 42 Xseon; S. 43 Klimek Pavol
Druck: optimal media GmbH, Röbel

ISBN 978-3-930038-32-9

Heiderose und Andreas Fischer-Nagel

Die Kastanie

Verlag Heiderose Fischer-Nagel

6

Es gibt kaum einen anderen Laubbaum, den jeder auf Anhieb so schnell erkennt, wie den Kastanienbaum. Wir finden ihn überall in Parks und an Alleen, an Wegen, auf Waldwiesen und in alten, gemütlichen Gartenwirtschaften. Er macht uns das Erkennen auch wirklich leicht mit seinen typischen langstieligen, handförmigen Blättern, den prächtigen Blüten und den glänzenden, glatten Früchten. Wer denkt dabei nicht gleich an das Vergnügen, im Herbst durch das herrlich raschelnde Laub zu stapfen und Kastanien zu sammeln?

Drei Kastanien in der Tasche schützen vor Rheuma, heißt es im Volksmund. Und eine Kastanie im Geldbeutel soll gar immer für klingende Münzen sorgen, meinen abergläubische Menschen!

Hast du für einen Freund schon einmal etwas Unangenehmes oder gar Gefährliches erledigt? Dann hast du für ihn »die Kastanien aus dem Feuer geholt«.

Kinder und Erwachsene basteln gern mit Kastanien: drollige Figürchen und Fabelwesen, hübschen Hals- oder Armschmuck und ähnliches. Ja, und dann denken wir als Nächstes vielleicht an den köstlichen Duft eines Holzkohlenfeuers auf dem Weihnachtsmarkt, wenn Kastanien für große und kleine Leckermäuler geröstet werden.
Doch halt - da haben wir bereits den »Kastanien-Salat«. Kastanie ist nämlich nicht gleich Kastanie! Während zu Beginn von der »Gemeinen Rosskastanie« die Rede war, handelt es sich bei den gerösteten Kastanien um die Früchte der Edel- oder Esskastanie. Zwar haben beide Bäume einen Teil des Namens gemein, doch sind sie grundverschieden und nicht einmal miteinander verwandt! Hauptsächlich geht es in diesem Buch um die Rosskastanie.

Wir machen aber auch einen »Abstecher« zu der Edelkastanie und einigen anderen Frucht tragenden Laubbäumen.

Charles de l'Écluse 1525-1609

Unsere heimische Rosskastanie stammt aus dem Balkan. Im Jahre 1576 wurde in Wien erstmals ein Kastanienbaum gepflanzt - aus Samen, die ein Herr Clusius, Direktor der kaiserlichen Gärten in Wien, aus der Türkei bekommen hatte. Bald wurden Samen auch an andere Parkverwaltungen verschickt. So verbreitete sich die Rosskastanie schließlich über ganz Mitteleuropa.

Obwohl ihr Name eigentlich dafür spricht, ist die Rosskastanie kein Pferdefutter, wie man früher glaubte.

Herr Clusius hatte nämlich berichtet, dass die Türken ihren Pferden zerstampfte Kastanien fütterten. Es war ihm allerdings entgangen, dass der »Kastanienbrei« nur als Medizin verwendet wurde. So entstand wohl auch der Name.

Möglicherweise wurde ihr Name aber auch von der Form der Narben abgeleitet, die die Blätter im Herbst nach dem

Abfallen am Baum hinterlassen: Sie sehen aus wie Hufeisen. Wie auch immer: Pferde fressen freiwillig keine Rosskastanien, und auch wir Menschen können sie nicht essen. Nur Wildschweine, Hirsche, Rehe und einige Nagetiere nehmen sie, besonders im strengen Winter, gerne als Zusatzfutter.
Aus Rosskastanien wird auch für uns so manches Heil- und Schönheitsmittel hergestellt. Ein echter Nutzen neben der Freude an den schönen, kräftigen, Schatten spendenden Bäumen!

Über Nacht hat der Winter sein weißes Kleid über alles gelegt. Dick liegt der Schnee auf den Ästen des ungefähr 80 Jahre alten Kastanienbaums.
Riesig überragt er den ganzen Garten. Im Lauf des Jahres erscheint er uns in ganz unterschiedlichen Kleidern: im Winter kahl oder verschneit, im Frühjahr blühend, im Sommer Schatten spendend und im Herbst bunt und mit vielen Früchten.

Unter dem Eis und Schnee auf seinen Zweigen verbergen sich die Knospen, aus denen im Frühjahr die Blüten und Blätter sprießen.

Diese Knospen wurden schon im Frühsommer gebildet, nachdem der Baum Blüten und Blätter entfaltet hatte. Nach dem Laubfall im Herbst verharren diese Erneuerungsknospen in einem Ruhezustand.

Schauen wir uns die Winterzweige einmal ganz genau an: Wir erkennen große, hufeisenförmige Narben an jenen Stellen, wo im Herbst die Blätter abfielen *(Bild oben links)*. Deutlich sind in diesen »Hufeisen« die alten Gefäßbündel zu sehen. Das sind gewissermaßen die Adern des Baumes, durch die vom Frühjahr bis zum Herbst Wasser und Mineralstoffe in das Blatt gelangten. Am Ende der Zweige sitzen Knospen, die besonders groß sind. Sie sind außen von braunen Schuppen umgeben.

Sie schützen die Blätter und den Blütenspross, die bereits im Herbst zusammengefaltet und zusammengerollt fürs nächste Jahr in der Knospe liegen. Öffnet sich die Knospe, fallen die Knospenschuppen ab. Sie werden dann nicht mehr gebraucht: Blüten und Blätter entfalten sich.

Im Frühjahr werden die Knospen sehr klebrig. Das ist ein »Trick« der Natur: Die klebrige Masse verhindert, dass die Knospen austrocknen oder durch sehr schlechte Witterung beschädigt werden. Außerdem schmecken sie dadurch bitter und schrecken so Vögel und Insekten davon ab, sie zu fressen. Die Knospen platzen schließlich auf. Zum Vorschein kommen innen zunächst helle, etwas filzige Haare.

Die neuen Blätter sind dicht mit weißen Haaren bedeckt und nach der Länge nach gefaltet. Langsam breiten sie sich aus und hängen zunächst nach unten. Je mehr sich das Blatt aufrichtet, um so mehr verschwindet die Behaarung. Sie hatte übrigens einen ganz besonderen Wert: An den Haaren verdunstet die Pflanze nämlich sehr viel Wasser und versorgt so die nun bald austreibenden Blüten mit zusätzlichem Wasser. Das Blatt der Rosskastanie, auch Fiederblatt genannt, besteht aus fünf bis sieben fein gezähnten Einzelblättern, den Blattfiedern. Es sieht aus wie eine große Hand mit mindestens fünf Fingern!

Haben sich die Blätter ganz entfaltet, wachsen die Blüten heran. Wie ein Strauß aus kleinen Kugeln sehen die zukünftigen Blütenrispen aus *(Bild rechts)*. So nennt man jene Blüten, die aus vielen Einzelblüten bestehen.

Sonne und Wärme lassen das Grün sprießen.
Die Kastanienknospe wächst weiter. Zunächst sind die
Einzelblüten noch zusammengefaltet. Die hellgrünen,
kleinen Blätter hängen herunter. Erst im Mai/Juni blüht
der Baum und hüllt sich in ein riesiges, weißes Fest-
tagskleid. Wie Kerzen am Weihnachtsbaum stehen die
Kastanienblüten dann senkrecht nach oben - daher
auch der Name »Blütenkerzen«. Vorläufig trägt unser
Kastanienbaum jedoch sein schlichtes grünes Gewand.

Die Rosskastanie ist ein stattlicher Baum, der 25 bis 30
Meter hoch und über einen Meter dick werden kann. Die
Äste des Baumes sind nach oben gebogen und haben

eine glatte, dunkelbraune, im Alter graubraune Rinde. Das Kastanienholz ist weich und feinfaserig. Es springt und reißt nicht und eignet sich deshalb für Schreiner- und Drechslerarbeiten. Als Bauholz wird es kaum verwendet, weil es zu wenig Festigkeit hat. Rosskastanien werden als Zier- und nicht als Nutzbäume angepflanzt.

Auf dem Bild oben rechts erkennst du die Anordnung der Blätter an dem langen Stiel. Die Einzelblätter stehen »kreuzständig« - im rechten Winkel - wie eine Straßenkreuzung- zueinander. Dadurch kann kein Blatt das andere beschatten. So erhalten alle Blätter des Baumes genügend Licht.

Während am alten Baum die Blüten heranwachsen, keimen die Kastanien des letzten Herbstes. Im dichten Laub haben sie während es Winters auf der kalten Erdoberfläche geruht. Wenn im Frühjahr die Sonne den Boden erwärmt, ist die Winterruhe zu Ende: Eine neue Kastanie beginnt sich zu entwickeln.

Der Same, die Kastanie, nimmt die Feuchtigkeit des Bodens auf und beginnt zu quellen, der Stoffwechsel kommt in Gang. Die Wärme und die Dauer des Tageslichtes bestimmen das Wachstum des Baumkindes. Die Keimwurzel durchbricht die Samenschale, bohrt sich in die Erde und wird immer länger. Kurz danach beginnt der Keimstängel mit der Keimknospe nach oben zu wachsen, dem Licht entgegen. Die Keimknospe platzt, und die beiden Keimblätter entfalten sich. Die Rosskastanie gehört zu den »Zweikeimblättlern«. Vielleicht hast du schon einmal gehört, dass man das

Pflanzenreich unter anderem auch in Ein- und Zweikeimblättler unterteilt. Einkeimblättrige Pflanzen sind zum Beispiel die Gräser, Tulpen oder Krokusse.

Die beiden grünen Keimblätter der kleinen Rosskastanie stellen nun neben Sauerstoff auch Nahrung für den »Babybaum« her. Er muss ja Kraft haben zum Weiterwachsen!

Die Wurzel verzweigt sich. Sie verankert die kleine Kastanie fest im Boden und schickt Wasser und lebenswichtige Nährstoffe nach oben.

Die Kastanie wächst und wächst. Es wird aber noch lange dauern, bis sie ein so großer, stattlicher, Schatten spendender Baum ist.

Im Mai/Juni ist es endlich soweit: Die Rosskastanie blüht! Die wunderschönen, duftenden und weithin leuchtenden Blütenkerzen sind 15 bis 30 Zentimeter lang. Jede Einzelblüte hat einen gelben, später rot werdenden Fleck: das »Saftmal«. Es leitet die Bienen von den Staubgefäßen, den männlichen Blütenorganen, auch zum Nektar, dem zuckerhaltigen Saft am Grund der Blüte. Viele Blüten haben keine weiblichen Blütenorgane. Es sind »Scheinblüten«, aus denen keine Früchte entstehen. Sie befinden sich vor allem im oberen Teil der Rispe. Etwa in der Mitte gibt es zuweilen einige »zwittrige« Blüten: solche, die zugleich männlich und weiblich sind. Meist im unteren Teil der Kerze sitzen die weiblichen Blüten, aus denen die Früchte wachsen.

Neben der leuchtend weiß blühenden »Gemeinen Rosskastanie« gibt es die »Rote Rosskastanie«, deren Blüten in Rosa bis Rot erstrahlen. Ihre Knospen sind nicht klebrig, ihre Blätter etwas kleiner und dunkler. Sie beginnt etwa eine Woche später zu blühen, als ihre weiße Schwester.

Stellst du dich unter einen blühenden Kastanienbaum, hörst du es über dir eifrig summen und brummen. Unendlich viele Bienen und Hummeln besuchen jetzt die Kastanie, um Nektar zu sammeln. Während dieser Sammeltätigkeit bestäuben die Insekten die Blüten und sorgen damit für die Befruchtung der Blüte. Pollen, der männliche Blütenstaub, bleibt an den feinen Härchen ihres Körpers hängen. Sie tragen ihn von einer Blüte zur anderen, wo er auf den weiblichen Blütenanlagen kleben bleibt. Erst jetzt, da männliche und weibliche Keimzellen zusammengekommen sind, kann sich eine Frucht entwickeln.

Während die Hummeln sich den Nektar ausschließlich als Nahrung holen, machen die Bienen später im Bienenstock daraus auch guten Kastanienhonig.

Nach etwa 14 Tagen sind die Blüten verwelkt. Jetzt beginnen die Früchte der Rosskastanie zu wachsen: große, dreiteilig aufspringende, grün oder grünlichbraune, weichstachelige Kapseln. Sie enthalten meistens einen bis drei große, rotbraune Samen mit einem weißen »Nabelfleck«, die Kastanien.

Von jeder Blütenrispe gibt es übrigens nur einige wenige Früchte.

Für uns sind die Kastanien zwar ungenießbar, haben aber Bedeutung als Medizin oder Schönheitsmittel.
Aus den Blättern, Früchten und der Rinde werden allerlei Pulver, Extrakte, Tinkturen, Salben, Badezusätze und Tees gegen schlechte Durchblutung der Beine und Atemerkrankungen hergestellt. Die Blätter, die man von Mai bis August
erntet, werden zu einem dunkelbraun bis rotschwarz tönenden Haarfärbemittel verarbeitet.

Sechs bis acht Wochen ist es her, seit die Blüten verwelkt sind. Die Früchte sind gewachsen und nun ungefähr so groß wie mittelgroße Murmeln. Schneidet man sie auf, sieht man, wie klein, weich, weiß und wässrig die später rotbraunen Samen jetzt noch sind. Auf diesem Bild, wie auch auf dem darunter, kannst du erkennen, dass es in der Frucht große und kleine Samen gibt. Die kleinen verkümmern später entweder ganz oder bleiben so klein wie hier. Aus ihnen könnte nie ein neuer Baum wachsen.

Eine Kastanienfrucht hat drei Kammern *(Bild rechts)*: Darin reifen die Samen - die Kastanien, die du im Herbst sammelst. In jeder Kammer befinden sich anfänglich zwei Samenanlagen, aber höchstens eine wächst heran. Oft verdrängen aber auch die Samen aus zwei Kammern beide Samen der dritten Kammer, so dass in der grünen Stachelfrucht nur noch zwei schöne große Samen zu finden sind.

Die Früchte auf dem Bild oben sind 16 bis 18 Wochen alt. Es ist September geworden und der kommende Herbst schon ein wenig zu spüren. Bald wird der »Kastaniensegen« zur Erde fallen!

Für das Bild unten haben wir die Kastanien aus ihrer Fruchthülle herausgenommen. Die weißen Flecken sagen uns, dass diese »Früchtchen« noch nicht ganz reif sind. Vorn siehst du zwei verkümmerte Samen aus der gleichen Frucht.

Voller Früchte hängt der schöne alte Kastanienbaum jetzt im Oktober. Fast gleichzeitig sind sie alle reif und fallen zu Boden: zum Teil von selbst, zum Teil durch den Wind oder von Kindern gezielt »heruntergeschossen«. Wie schön die Kastanien glänzen. Ihre rotbraune Schale ist noch weich und feucht, wird aber dann recht schnell härter. Innen, wo das neue Leben bis zum kommenden Frühjahr schläft, bleibt der Same gelblichweiß.

Im Herbst verfärben sich die grünen Blätter der Kastanien bunt, so wie die aller Laubbäume. Langsam werden die Blätter gelb, rot und braun. Schließlich fallen sie ab: Es würde den Baum im Winter viel zu viel Kraft kosten, sie zu behalten.

Dort, wo sich ein Blatt befand, bleibt eine kleine hufeisenförmige Narbe zurück. Darüber sitzt die kleine Knospe, aus der sich im Frühjahr wieder ein neues Blatt entfalten wird.

Manchmal sehen die Bäume im Sommer schon recht herbstlich aus. Sie sind krank. Vom äußeren Rand her verfärben sich die Blätter braun. Frische grüne Triebe – oft »Angsttriebe« genannt – sprießen plötzlich am Stamm als Ersatz für die kranken Blätter der Baumkrone. Doch auch ihr Leben wird nur von kurzer Dauer sein!

Und was ist da? Ein kleiner Schädling bohrt sich durch die Kastanienblätter und hinterlässt richtige Gänge in den Blättern. Es ist die Kastanien-Miniermotte, die vom Blattgrün lebt. Die Larven dieses Kleinschmetterlings leben und fressen in etwa centgroßen Hohlräumen direkt unter der Blattoberfläche. Bis zu 50 000 Larven können an einem einzigen Baum fressen.

Der Baum zieht nun langsam die Nahrung aus den Blättern heraus, in Stamm, Äste und Wurzeln hinein. Das Blattgrün, das aus dem Blatt verschwindet, heißt Chlorophyll. Es stellt mit Hilfe des Sonnenlichts, dem Wasser aus dem Boden und einem Teil der verbrauchten Luft, dem Kohlendioxid, für uns den lebensnotwendigen Sauerstoff sowie die Aufbaustoffe für den Baum her. Im Herbst bleibt nur die gelbe Grundfarbe der Blätter. Kälte und Frost verwandeln dieses Gelb in Rot- und Brauntöne. Dann fallen die Blätter ab.

31

Schön ist es, durch den Herbstwald zu wandern und im raschelnden Laub Kastanien zu suchen! Diese Bäume sind noch gesund. Ihren Verwandten an der Straße geht es meist viel schlechter: Das viele Streusalz macht die Bäume krank. Sie nehmen das im Wasser gelöste Salz aus dem Boden auf. Durch die Gefäß-bündel gelangt es in die Blätter und lagert sich auf der Blattoberfläche ab. Der Regen wäscht das Salz zwar ab, doch durch den Boden gelangt es über die Wurzeln wieder in den Baum. Ein Kreislauf, der den Baum unerbittlich zugrunde richtet. Ohne Bäume können wir aber nicht leben!
Bäume filtern die verbrauchte Luft und geben neuen Sauerstoff zum Atmen ab. Rosskastanien sind besonders empfind-lich gegen das Tausalz. Außerdem ist unsere Luft heute so verschmutzt, dass nicht nur Bäume darunter leiden, sondern wir alle: Menschen, Tiere und Pflanzen. Dehalb müssen wir uns alle dafür ein-setzen, dass etwas geschieht, z.B. weniger oder gar nicht »salzen«, weniger Auto fahren, Energie sparen.

Mit Kastanien kannst du ganz toll basteln: dicke Ketten oder so eine lustige Kasta-nien-Mama mit Hütchen, Kinderwagen und Hündchen.

Jetzt ist es Zeit für unseren »Abstecher« zu einigen anderen Laubbäumen.

In unseren Wäldern wachsen viele verschiedene Bäume, einer von ihnen ist die Rotbuche. Sie bildet mit den Eichen und der Edel- oder Esskastanie die Familie der Buchengewächse. Nicht in die Familie gehört unsere Rosskastanie.

Zart hellgrün erstrahlt der Buchenwald im Frühling, sattgrün im Sommer und rotbraun und leuchtend gelb bringt er uns in Herbststimmung. Die Buchenfrüchte heißen Bucheckern oder Bucheln. Sie sind ziemlich klein, braun und dreieckig. Wunderschöne Ketten lassen sich aus ihnen auffädeln!
Wenn wir im Herbst durch den Buchenwald gehen, hören wir es überall leise knacken: Die Fruchtbecher platzen auf und fallen mit den nun befreiten Bucheckern zu Boden.

Der große Baum auf der rechten Seite ist eine Eiche. Sicher kennst du ihre hellgrünen Früchte mit dem lustigen kleinen »Hut« oben drauf. Doch eigentlich ist es ja gar kein Hütchen, sondern ein Näpfchen, in dem die Eichel heranreift.

Rehe, Hirsche und Wildschweine fressen im Winter zwar auch Kastanien, aber lieber sind ihnen die Eicheln. Namengebend wurden sie sogar für das Eichhörnchen und den »Wächter« des Waldes – den Eichelhäher, dessen Ruf bei Gefahr durch den Wald schallt.

Für uns Menschen ist die Eiche besonders wegen ihres Holzes wichtig. Früher stellte man das Mittel zum Gerben des Leders aus Eichenrinde her. Auch heute entstehen noch Heilmittel aus Teilen der Eiche. Besonders die Rinde, aber auch die Früchte, enthalten Gerbstoffe, Zucker, Stärke und Öl. Daraus bereitete man Mittel gegen Fußschweiß, Frostbeulen und Hauterkrankungen. Auf keinen Fall sollte man ein »Wunderheilmittel« ohne ärztlichen Rat verwenden!
Im Krieg und in Notzeiten dienten geröstete Eicheln als Ersatz für Kaffeebohnen.

Die Esskastanie, auch Edelkastanie genannt, ist ein Baum mit breiter Krone und
rissiger Borke. Ihre lederartigen, glänzenden Blätter sind nicht zur Hand ge-
formt, wie bei der Rosskastanie, sondern
länglich und am Rand stachelig gezähnt.
Anders als bei der Rosskastanie ist auch
die Blüte gebaut: An der Blütenähre
sitzt ganz unten ein Knäuel mit weiblichen Blüten. Die männlichen Blüten
sind ebenfalls knäuelförmig, aber weiter
oben angeordnet. Nach der Befruchtung
fällt der Teil mit den männlichen Blüten
ab. Zwei bis drei weibliche Blüten bilden
zusammen eine weiche Hülle, die sich
zu einem mit langen Stacheln besetzten
Fruchtbecher entwickelt.

Jede dieser stacheligen Früchte trägt meistens nur einen Samen in sich, manchmal auch bis zu drei.

Esskastanien wurden, wie übrigens auch die Weinstöcke, von den Römern vor vielen Jahrhunderten nach Süddeutschland gebracht. Bekannt ist die Esskastanie auch unter dem Namen »Marone« (Mehrzahl: Maroni oder Maronen). Besonders in Mittelmeerländern werden die süßlichen, mehligen Maronen geröstet, kandiert oder gekocht und gelten als Leckerbissen.

In der Advents- und Weihnachtszeit begegnen wir auf den Märkten dem Maronimann, der die Früchte über Holzkohle röstet.

Ihr Duft lockt uns heran. Der Maronimann wendet die Kastanien auf dem Rost hin und her. Endlich schüttet er sie in eine Schüssel und füllt mit einer kleinen Schaufel eine Handvoll der heißen, aufgeplatzten Maronen in eine kleine Papiertüte.

Wie schön warm sie in unserer Hand sind! Schnell stecken wir sie in die Manteltasche, damit sie nicht so schnell auskühlen. In Ruhe können wir nun eine nach der anderen aus der Tasche holen und vorsichtig die Schale abpellen. Ein leckerer Genuss im Winter.

Maronen schmecken nicht nur gut, sie sind auch sehr nahrhaft.

Die kalorienreichen »Nüsse« enthalten jede Menge Eiweiß, Mineralstoffe und Vitamine. Eine Tüte Maronen ersetzt leicht eine vollwertige Mahlzeit und ist dabei viel bekömmlicher.

Bevor es bei uns in Europa die Kartoffel gab, nutzten die Menschen Maronen als Beilage und buken sogar Brot aus Maronenmehl.

Im Gegensatz zu den Rosskastanien wurden Maronen tatsächlich auch als Viehfutter verwendet.

41

Eis und Schnee bedecken das Land.
Die Tiere haben Mühe, etwas Nahrhaftes
zu finden.

Dicht zusammengedrängt stehen die
Hirsche da. Die Wildschweine durchstrei-
fen hungrig den Wald und wühlen mit
den Schnauzen den Schnee auf.
Nur wenig Futter ist jetzt zu finden!
Würde der Mensch die Wildtiere nicht mit
Zusatzfutter versorgen, würden viele von
ihnen den Winter nicht überleben.

Der Wildhüter füllt die Krippen und
Futterstellen regelmäßig mit Heu,
Kastanien und Eicheln.

Hast du auch schon einmal Kastanien
oder Eicheln für die Tiere gesammelt und
zum Förster gebracht?

Überall, auch im Zoo in der Stadt, ist
man froh um solche Futtergaben. Frag
doch einmal nach, ob es in deiner Nähe
eine Sammelstelle für Wildfutter gibt!

45

Unsere weiteren Fotosachbücher: brillant, informativ,

978-3-930038-45-9

978-3-930038-13-8

978-3-930038-24-4

978-3-930038-17-6

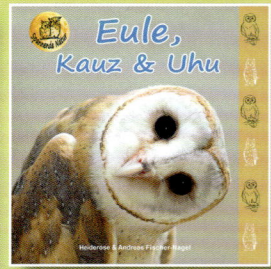

978-3-930038-74-9

978-3-930038-15-2

978-3-930038-04-6

978-3-930038-64-0

978-3-930038-68-8

978-3-930038-38-1

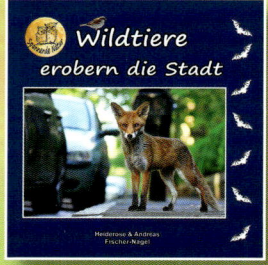

978-3-930038-67-1

978-3-930038-25-1

978-3-930038-87-9

978-3-930038-46-6

978-3-930038-47-3

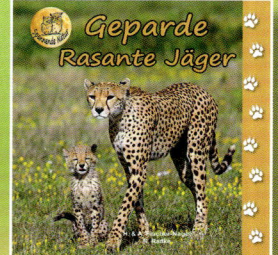

978-3-930038-63-3

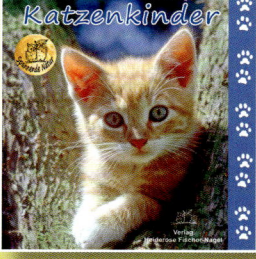

978-3-930038-31-2

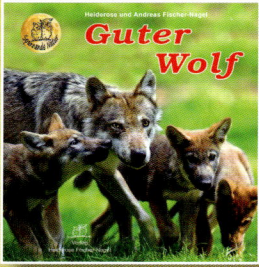

978-3-930038-36-7

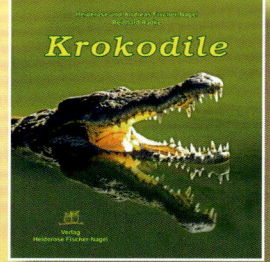

978-3-930038-35-0

978-3-930038-73-2

In Ihrer Buchhandlung oder Verlag Heiderose Fischer-Nagel, Brunnenstraße 7, D-34286 Spangenberg-